camgöz

Camgöz Kitap

Köken ve Dallar

Özgür Savaşçı

Aralık 2011

ISBN

978-605-4521-13-5

Yayına Hazırlayan

Kadir Aydemir

Tasarım ve Uygulama

Betül Başol

Baskı

Ezgi Matbaacılık

Sanayi Tic. Ltd. Şti.

Sanayi cad. Altay Sokak No:14/A

Yenibosna Çobançeşme B.Evler İstanbul

T. 0212 452 23 02

Camgöz Kitap

Çekirdek Sanat - Tuncay Takmaz

İstiklal Cad. Rumeli Han No.48 C blok K.6 D.47 Beyoğlu / İstanbul

T. 0212 244 51 97

W. www.cekirdeksanat.com

www.cekirdeksanatyayinlari.com

www.camgozkitap.com

Köken ve Dallar

Özgür Savaşçı

Özgür Savaşçı

1955 yılında Ödemiş'te doğdu. İlk ve orta öğrenimini burada tamamladıktan sonra Federal Almanya'ya gidip Münih Üniversitesi'de Genel Dilbilimi, Alman Filolojisi ve Türkoloji öğrenimi gördü. Halen aynı üniversitenin Türkoloji Bölümü'nde doçent olarak çalışmaktadır.

Küçük yaşlardan beri şiirle uğraşan Savaşçı'nın daha önce yayımlanmış iki şiir kitabı bulunmaktadır:
***Yalınayak Yürüdüler,** Yeditepe Yayınları, İstanbul 1976;*
***Hal Böyle Böyle,** Kerem Yayınları, Ankara 1987.*

İçindekiler

İçindekiler

-I-
İşlev ve İşlem

İşlev ve İşlem

Biz işleve değil
İşleyene taraf olduk
Yani insana.

Biz söyleyene değil
Söyletene karşıt olduk
Yani yürek ardına.

İşlevce işleyene
İnsanca düşleyene
Yanıt olduk
Geçit olduk.

Gönlümün Yandığına Beyit

Yazdığım bütün şiirleri yaşadım da
Yaşadığım bütün duyguları yazamadım.

Uzunluğa Dair

Ben hayatın ve şiirin uzunluğuna tapmam
200 yıllık kaplumbağa ile
İsmiyle müsemma birgünlük sinek de
1 ömür yaşıyor sadece...

Kimler Gelmiş Kimler Geçmiş

Bu toprak hepimizin
Kimler gelmiş kimler geçmiş
Daha gelecek!

Bu dil hepimizin
Nice güzellikler söylenmiş
Daha söylenecek!

Dil Manifestosu

Bütün ozanları severim
Bütün dilcileri severim
Bütün dilbilimcileri severim.

Çünkü onlar
Kimizaman toprak
Kimizaman toprakta çürüyen yaprak
Kimizaman gönüllerde bayrak olurlar.

Uzunluk

– 8 Mart'ı anarak

Uzunca şiirleri ezberleyecek
ne vaktim oldu
ne de gücüm
Belki de bellekte zaaf vardı gülüm
kimbilir...

Uzunca kaygıları çekimleyecek
ne keyfim oldu
ne de gücüm
Belki de benlikte zaaf vardı gülüm
kimbilir...

Uzunca sevgileri ezberleyecek
hep vaktim oldu
hep de gücüm
Belki de gönülde zaaf vardı gülüm
kimbilir...

Bilmek - Olmak

Kayıtsız koşulsuz yaşayacaksın hayatı
Noktasız virgülsüz şiir yazar gibi
Her anını zevk edip
            ayrıntıyı fark edeceksin
Kurulu tuzakları bozar gibi.

Elinde değildi gelmek
Elinde olmayacak gitmek
Doldurduğuncadır olmak
Cennetleri sezer gibi.

-II-
Seviler Bağlamak

Dedemin Tespihi

Herkes gibi benim de bir dedem
Dedemin de bir tespihi vardı
Elleri bildiğiniz gibi değil
Tespihi zeytin çekirdeklerindendi.

Dedem dere tepe demez
Keklikleri seyrederdi
Dedem her seher
Tespih çekerdi.

Dedemin bir tespihi vardı
Zeytin çekirdeklerinden
Elleri ezik zeytin gibi kokardı.

Mekân ve Gönüllere Dair

Ayrılık öncesi bir beldeden
Vedalaşırsın tek tek ve usulca sevdiğin mekânlardan
Bir sestir içinde gel gel eder uzak diyarlardan
Adını koyamazsın ben nerdeyim.

Ayrılık öncesi bir beldeden
Son kez olsun görmek istersin dostları
Vedalaşmak onlarla doludizgin deligönül
Bir seda gelmez gönüllerden
Ne bir ses ne bir nefes
Oysa bilirim dersin
            ben aynı yerdeyim.

Teyzem

Teyzemin gözleri dert eziği
elleri mekikler gibi çekik
yüreği kuyu sularınca serindir.

Dert nasıl çekilir
çile nasıl doldurulur teyzeme sorun
gözleri çözüm yüklüdür.

Yollar nasıl tepilirse
sabır öyle aşılır
Okulsuz nasıl öğrenirse insan
teyzem öylece bilgedir.

Teyzelere selam olsun
sevgi olsun
ki onlar kaynar yollardan geçmiştir
hepsi bizdendir.

Enıştemin Keseri

Enıştem Semerci Arif
Katırcılar Çarşısında
Elinde kâh keser, kâh çuvaldız
Çınar yontup sahtiyan dikerdi
İşleyen demir pas mı tutar
Her yontuda enıştem
Ömründen bir gün sökerdi.

Çuvaldız çıkarır mı ses
Tıkıltısını bilmeyen yoktu keserinin
            ömrümün en güzel senfonisi
Keseri de kendisinin simgesi.

Pamuğun suya özlemi gibi
Yaşadı gitti enıştem
Elleri
Çalışmanın en efendicesi.

Halamın Elma Ağaçları

Halam gençliğinde belki
Bozdağlar'ın en güzel en yörük kızıydı
Herhalde güzelliğinden olacak ki
Ömrü boyunca yalnız yaşadı
tek yoldaşı bir kuzuydu.

İşte bütün gün benimle o kuzu
Elma ağaçları arasında sohbet ederdi
Bense avutmaya çalışırdım onu
içimde hep aynı sızı
Çünkü gün gelir o kuzu giderdi.

Kestane ağaçları o kadar karanlık ve yüksektiler ki
Yaprakları yüzüme değmez heybeti kuzumu korkuturdu
Elmalar bize çok yakın
seslensek sanki ardımızdan gelecektiler ki
Kestanelere inat bizi onlar avuturdu.

Halam yok artık göçtü gitti dünyasından
Kuzuları kim elmalar kimi avutur
O serin kuyudan içenler var mıdır
Akrabaların hepsi bir başka şehirde
hiçbiri dönmez hülyasından
O elma ağaçlı yaylaya artık göçenler var mıdır?

Fikreyle

Zamandır Birgi'de en somut algılanan
Kaygılar, korkular yitirir anlamını bir anlamda
En güzel hediyenin hayat olduğunu kavrarsın
Kahvenin üstüne içtiğin bir bardak suyla.
Geçmiş ve gelecek buğulanır işte o anda
Şimdiki anın ayrımına varırsın.
Hele bir de tefekkür yeteneğin varsa
Hacıhasan köyünden Birgi'nin görünüşünü zevk edersin.
Hayat en güzel hediye
Bu hırs, bu tamah, bu koşuşturmaca niye
Fikreyle bir, dünyaya geldik ne diye?

Bereketli Olsun

- Dayım Halil Tuğsan'a

Yaşamın uzuncalığı nedir ki
Kimine 29
kimine 59
kimine 52
Kimin nerede
ne olacağı
belli mi ki?
Doyarak yaşadınsa
Halil İbrahim bereketi olsun diyebildinse
Aşkolsun bre sana dayı
Sen de sevmezdin zaten hiç
Pazarlık etmeyi.

Fethi Baba

Hem dost hem baba hem dede olmak kolay mı
O zoru başarmak doluyken vermek boşken dolmak kolay mı
Kitaplarım kireç kokar ekmeğim şiir
Yediveren güller gibi yaşayıp
kesilmiş çınarlar gibi ölmek kolay mı?

Yalnızlık

Ben yalnız bir insanım
Doğarken yalnızdım
Şimdi de yalnızım.

Ben bekâr bir insanım
Halbuki üç çocuğum var
Halbuki iki evlilik geçti başımdan.

Ben kolay bir insanım
Halbuki ne zor günler yaşadım
Ne zor insanlarla anlaştım.

Duygudaşlık

Mevsimlerden kış ...
Dışarda yağmur yağıyor ...
Ben içerde çalışıyorum ...
Güzel hissiyat ...

Mevsimlerden bir mevsim
Dışarıda yağmur yağmıyor
Ne içindeyim mekânın ne dışında
Üstelik de işsizim
Üstelik çalışmıyorum.
Üstelik işim de yok...
Berbat hissiyat!..

Bir Salkım Üzüm

- Babamın sevgili anısına

Yeniden doğmak varsa dünyaya
Bir salkım üzüm olup
Şaraba dönüşmek isterim
Selam olsun Bakhüs'e!

Yeniden doğmak varsa eğer
Doğmak gibi ermek de var
Ben o güneşlerde ermek isterim
Selam olsun Ege'ye!

Yeniden doğmak vardır yaşadım gördüm
Menderes'te Gediz'de
Beni bir gözleri ela devşirsin
uğruna bir daha ölürüm
Selam olsun Türkmen'e!

Yeniden doğduktan sonra ben
Doldurmak isterim fıçıları salkım-saçak
Yıllara durmak yüzyıllık küpler gibi
Selam olsun Yorgo'ya!

Yeniden doğmak var elbet
Hele kadehine bir değerbilirin
Sevdanın en yakutundan
Selam olsun insanlara!

Dürüm

- Bütün canlara.

Demek artık o dinlenik
biralar içilmeyecek bir daha
Çiçeklerimiz mum ışığından yorulmayacak
Yirmi yıllık havaları dinleyen de pek bulunmayacak
Bir kitabın son sayfasına erişir gibi
sessiz sedasız
Dedelerin defteri dürülecek mi dersin?

Beş Yıl Geçmiş Aradan

I

Kesildi 26 Ekim günü postanedeki ışıklar
Durdu makinelerin nakış gibi işleyen tuşları

II

1 Kasım akşamı Ödemiş'te
Liseli gençlerin okul çıkışına yetişeceğin
geçer miydi aklından hiç
İşte ben
Seni ak saçlarınla inan
O gençlerle söyleşirken gördüm.

Öğretmenini yitirmiş çocuklar gibi
Neyi yitirdiğini, kimi aradığını bilmeden
İndim Mahfel Sokağa
Uzun Sokak'tan gelişini bekledim senin
O yol, o gece ve o gölgeler
Her zamanki gibi uzundu.
Sen
Gelmedin
Gelemezdin
İlk kez beklettin seni bekleyeni...

Yayla Caddesinde o yapıyı gördüm devrisi gün
Kapısı penceresi yoksulluktan dardı o zamanki gibi
O yapıda bir duvarcı
Ve o duvarcının opulesi elleri vardı
Her zamanki gibi.

Ölüm - Zulüm

Hiçbir şeyi duymamak
Görüneni görmemek
Ölüm dedikleri bu mu?

Söyleneni duymamak
Bakan gözü görmemek
Zulüm dedikleri bu mu?

Mezarlıkta

Ölüler için ne çabuk geçiyor zaman
Göz açıp kapayana dek sürmüş akşamlar

Zaman Şiirleri

- Eşime kırkıncı yaş armağanıdır.

I.
Şiir Zamanı

Şimdi şiir zamanıdır
Çünkü haziran çıkmakta
Temmuz gelmektedir.

En güzel şiirler bence
Haziranda düşünülür
                    temmuzda yazılır
Şimdi şiir zamanıdır.

Şimdi şiir zamanıdır
Haziranda düşünülür
                    temmuzda yazılır şiirler
Tutkuların depreştiği
Gizlentilerin saklanmadığı
                        saklantıların gizlenmediği dönemdir

Şimdi zamanıdır
Şiir ağustosta söylenir.

II.
Düşünme Zamanı

Şimdi düşünme zamanıdır
Yaz çoktan vedaya hazır
Güz kapıda durmaktadır.

Ozanları en çok etkileyen aydır eylül
Biz istesek de istemesek de gelecek
Yaşamın ikindisini duyuracaktır.

Şimdi düşünme zamanıdır
Akşam ufukta
Günler kısalmaktadır.

III. Taşınma Zamanı

Şimdi taşınma zamanıdır
kapı biraz aralık
Umutlar özde
        sevgiler sözde
        tükenmek üzredir.

Dönem ve dönüm öncesidir
Aylardan Aralık.

Şimdi taşınma zamanıdır

IV. Aşınma Zamanı

Ne demek o diye sorarsan
Nasıl tanımlarsan öyle işte
Demek istediğini dememişsen
Daha vakit vardır söyle işte.

İki kapılı bir menzilde
Girdik birinden - beraberce
Şavkıdık ortaklaşa - yıldızlarca
Kitap hem okuyuşta hem söyleyişte
Çevirdik sayfaları okuduk onca işte.

Ertelemek

I

Ertelemek
pazarı mı
cumayı mı

Ertelemek
günleri mi
yılları mı

Ertelemek
acıyı mı
mutluluğu mu

Ertelemek
yaşamayı mı
ölmeyi mi

II

Her şeyi ertelesen de ey ozan
Erteleyemeyeceğin bir şey var:
O da zaman!

Hani
Kimine geçmek bilmeyen
Kimine su gibi akan!

Tut ki
Erteledin
Günü
          saati
                    ve dakikayı
Saniyeye gelince o an?

Yol Ayrımı

Neden yolculuk öncesi
doğulular
Hüzünlüdürler hep
Hani gidip de gelmemek
Gelip de görmemek
var dercesine?

Neden yolculuk öncesi
batılılar
Sevinçlidirler hep
Hani gidip de gelmemek
Gelip de görmemek
istercesine?

Ayrımsama

En gaddar yanlış
söylenip de fark edilmeyeni

En mazlum gerçek
yaşanıp da inanılmayanıdır

Haykırışın en sönüğü
suskun dururken
Sevginin en beteri
dilsiz kalanıdır.

Ayrımsamak işte o
inanılmaz suskunluğun dilsizlerini!

Benzek

- Cahit Külebi'nin "Paris" adlı şiirine

Cahit Külebi denince aklıma
Derin sesli yiğit bir şair gelir.
Şiir söyler güzelliğe
Göğsü bir iner bir yükselir.

İçi sıkılır mı hiç dinleyenlerin
Hepsi pürdikkat şairi dinler,
Güzellik üzerine bir şiir
Olur mu çirkin bir nefes versinler.

Nice dizeler gönlünde
Okunmayı bekler taptaze,
Her şiir bitiminde bir deprem
Çöker mi üstelik içimize.

Bu şair durmadan ömrü boyunca
Aşk ile şiirini söyler huyunca,
Siz görmediniz belki Külebi'yi
Ama ben gördüm dinledim.

(Ağustos 1988)

Garipseme

- Oktay Rifat'ın anısına

Bu dünya böyle işte
Bir geliş bir gidiş
Herkes de gidiyor birbiri ardınca
Sevdiklerimiz
        Okuduklarımız
        Duyduklarımız
Gök bulutlu gönül bulutlu
Apostol bu ne biçim iş?

Kocagöz Koçaklaması

- "Kullar senin sen kulların"

İstanbul mu azman
İzmir mi kocaman
Yoksa Menderes mi?

Kâh doğudan
Kâh batıdan
Yoksa yıldız-poyraz mı?

Hem Karacoğlan
Hem Pir Sultan
Yoksa Emrem Yunus mu?

El mi yaman
Bey mi yaman
Yoksa ellerimizdeki o ses mi?

Böyle işte memleketin hali
Merhaba Kocagözoğlu arkadaş Samim
Ellerinden öperim!

Dokuz Eylül

Her Dokuz Eylülde ben
Bir ucunda da olsam dünyanın
İzmir'de olurum
Çünkü Kuvayi Milliye geliyordur.

Her Dokuz Eylülde ben
İzmir'de Belkahve'de
Yorgunluk kahvesi içenlerleyimdir
Çünkü Kuvayi Milliye gelmiştir.

Her Dokuz Eylülde ben
İzmir'de olurum
İktisat Kongresi'ni düşünür de içlenirim
Çünkü Kuvayi Milliye gidecektir.

Egon'a Ağıt

26 Temmuz 1991'de Yugoslavya iç savaşında
Glina kenti yakınlarında öldürülen gezeteci
dostum Egon Scotland'ın anısına yazılmıştır.

I.

Ertesi ay da kapıdaydı hani
Gün güzeldi Hırvatistan'da yaşam çetrefil
Ortalık barut ve umut kokarken
Namlular neden sana doğrultuldu?

II.

Elâlemin umurundaydı sanki Balkanlar
En zoruna ve
Gene gittin sen, meslektaşının peşi sıra
Okumaz
Olaydım gazeteleri dün
Nasıl bir haberdi o sanki alnına yazılmış...

III.

Ellerin
En güzeli - dürüst olanı, seninkiler dürüsttü
Güzel olamazdı tabii haberler her zaman
O kadar
Olanaksız ve uzun da
Olsa gerçeği yazmak
Ne kadar kısaymış meğer yaşamak...

(Münih, 27 Temmuz 1991)

Lorca'ya Mektup

Bizim ovada portakal yetişmezse de Lorca
Gözlerimiz gibi birbirine benzer zeytinlerimiz
Nasıl dönüşürse Guadalquivir buğdaya
Pamuğa öyle düşer Menderes
Gözlerimizde aynı renk
Kulaklarımızda aynı ses
Zeytin ve portakal tadı damaklarımızda
Kardeş ırmaklardır Guadalquivirle Menderes
Selamlarımızı taşır dalgaları Akdeniz'in.

Bozdağların eteği
Zeytin dolu tütün doludur
Tanesinde her zeytinin, yaprağında her tütünün
Dizeleri yüklüdür sıcak bir türkünün
O türküler ki
Hiç kimse duymamıştır sizden ve bizden başka
O dağları gezen
O tütünleri dizen bilir yalnızca.

Ben sizin oraları hiç görmedim
Kusurları var mıdır hiç sormadım
Bizim ovayı sorar isen Lorca
Tek kusuru var bizim oranın
Kibritsiz yanar ağustosta eyyambuhurda
Yavaş oynar zeybekleri efeler bu yüzden
Hele bir Genev Çayı var ki sevda yüklü
Ağırcana akar ama Ege'ye nişanlı
Onunla sana bir torba zeytin
Bir tutam da tütün yollamak isterdim
Hem de iadeli taahhütlü
İadesi bir çift portakal olan.

Dil Sorunu

Mutluluğun dili var mı ki a be Mustafa
"Efe"nin Almancasını sorarsın
Şu mavi gözlü çocuklara bak!

Mutsuzluğun dili var mı ki a be Mustafa
Geceyi karanlığa yorarsın
Şu esmerin yüzüne bak!

Şiirin dili var mı ki a be Mustafa
Hecenin hesabını ararsın
Şu dünyanın haline bak!

Köken ve Dallar

Ne Marya'yı tanıdık biz
Ne palikaryayı biliriz
Hep aynı türküydü dudaklarımızda
Nereden bilecektik o aryayı
Çocukluğumuzu sattık sepet sepet tabla tabla
Kimimiz işportacı kimimiz simitçi
Kardeşlerimiz de vardı ama
Ne abi olabildik onlara ne abla.

Siz hiç iğde sattınız mı
Cevizin dolgunundan anlar mısınız
Lastik pabuçlarınızla okulda
Göze girip göze battınız mı
Bulgur gramla kitap sayfayla
Ekmek dilimle gün güneşle ölçülür
Bilir miydiniz?
Ortaklaşa kitap aldınız mı hiç
Canciğer bir arkadaşla?

Övgü düzmeyiz yoksulluğa adı batsın kendi batsın
Ancak evet ise yanıtınız sorularımıza
Size de açtık demektir gönül defterinden bir sayfa
İnsanoğlu nedir ki
Dilim dilim ekmek sayfa sayfa kitap
Yürek yürek sevgi gönül gönül hayat
Ekmek yenir, kitap okunur
Yaşanır hayat
Doyulmaz sevgiye.

Siz hiç iğde sattınız mı?

Hatırlama

Durup dururken aklıma sen geldin geçen gün
Bilmiyorum şu anda nerdesin ne yapmaktasın
Mutlu olduğunu hiç sanmam nasıl olacaksın ki
Birini sonradan tanımak o kadar kolay mı sanki
Güzel şiirler yazardık seninle okul çağında
Ferah dizeler okurduk birbirimize kaçamak
Seni sadece ben değil arkadaşım da severdi
Sen ağladığın zaman şehrin üstünden bulutlar geçerdi
Sen güldüğün zaman en coşkulu ırmaklar bizim olurdu
Bulutlar yine var ırmaklar yine coşkulu, nedense
Durup dururken aklıma sen geldin geçen gün
Bilmiyoruz şu anda nerdesin ne yapmaktasın.

Hatırlama 2

Hatırlanman bir şiirlik olmamalıydı
Bu ikincisi olsun.

Fer Yitimi

Buğday değirmende ne oluyor idiyse
Yüreğim öyle olurdu
Gözlerini görünce
        Yere bakıyor şimdi
Perdelere meydan okuyan o gözler.

Yağmurda nasıl yıkanıyor idiyse taşlar
Mendilim öyle ıslanırdı
Gözlerinden ayrılınca
        Zor basıyor şimdi
Dağ bayır dinlemeyen o dizler.

Bizim içimizde kopardı en deli fırtınalar
Barınamazdı en yiğit gemiler bile limanımızda

Yağmur dindi
        ırmaklar kesildi
Değirmen durdu da
        yol yarılandı sanki
Okyanusa anca varan
        yorgun akıntılara döndük.

Sevgi

Sevdalara düştüm senin yüzünden!
Bileydim ...
Ah bileydim
Sevdan bu denli karaymış
Seviler bağlardım sana
Pırıl pırıl...

Kadınlar

Ben çok kadınlar sevdim
Ve severim
Biri vardır ki
gönlümcedir.

Ben çok yüzler gördüm
gülen
Çok gözler gördüm
ağlayan
Bir çifti vardır ki
üzümcedir.

O gözler
o yüzler
Kimi uzunca
Kimi yarımcadır.

Kimizaman

Kimizaman bir yaşama sevinci sarar içini
Hani en mavi duygular gelir aklına
Yediğin lokmada okuduğun sayfada
Kokusunu duyarsın dağ kekiklerinin
Oysa yediğin soğan ekmek
Okuduğun en pespaye bir gazete parçasıdır
O gün sevdiğin bir can gelmiştir görüşe
Canandan birkaç satır
Hal hatır sorar sımsıcak
Isınıverir için zemheride
Tek derdin olur artık evinde çay içememek
O ılık sevinci değişmezsin dünya malına.

Ağlamak istersin kimizaman
Irmaklar donar
Cıgara içeyim dersin
Kibritin yanmaz
Dışarda gümbür gümbür bir dünya akıp giderken
İçerde sen bir başına yitik ve öksüz
Ayaklarına seller boşanır buzullar gibi
Çöker üzerine açlıktan çıkmış bir adam
Ekmeğini kanına banar
O an ne erkeklik ne dünya görüşü
Ne de görünüşü dünyanın
Gökteki kuşa
Duvardaki karıncaya içerlersin usul usul
İflah etmez seni hiçbir şey
Gönlün dışarlarda
Sen içerlerdesin
Zaman ne yavaş akar ne hızlı
Sonsuzluğa erirsin kımıl kımıl.

Azaltım

Küçüktük
büyüdük
Tut dedin elimi
tuttum
Öp dedin
öptüm
Sev dedin
sevdim...

Gün geçti
Devran döndü
Azaltıldıkça azaldı sevgim
Bitmeyesiye...

İstek

Ben de şimdi şu dağda olsam
Seyretsem şehri güzel güzel
Dinlendirsem gönlümü huzur bulsam
Döksem içimdeki zehri yavaş yavaş
O dağın başında bir de ağaç olsam
Bütün kuşlar bana konsa.

Liman Şehrinde Akşam

Eserken enginlerden şehre
Deniz perilerinin sesi
Bekle ve dinle
Körfez
Bütün güzelliğiyle gözlerimizdedir.

Akşam karanlığı bastırınca sağır yapılara
Çığlıklarını algıla balıkların koydan doğru akan
Bu anda dur
O kıpkırmızı koy
Kapkara kokusuyla burnumuzdadır.

Gökyüzü mü yorgun, ırmakları mı kesik denizlerin
Beyinleri varsa da elleri yoktur balıkların
Dinle perileri seslerine kulak ver
Güzellik bizden, koku sizden
Her şey gönlünüzde ve ellerinizdedir.

Günlükböcekler

Sülfür kokulu
Deltasında bir ırmağın
Rastlaşmış birgünlüksineklerden
                                                            ikisi
Biri
    yolun başında gencecik
Öteki
      güngörmüş karttavuk.

Selam sabahtan sonra
Başlamış yakınmaya genci
Irmak dediğin de böyle mi olur
Anlatsana biraz demiş yaşlıya
Irmağın ırmak koktuğu günleri.

Yaşlısı - ömrünün akşamında -
Şöyle bilgece bir gülümsemiş
Anlatayım demiş anlatayım ama
Yaşamadım ki o günleri
Görmedim ki...
Irmaklar hiç durmaz akar
Ama bu ırmak
                        naturasında olmalı
Ben bildim bileli
Hep böyle pis kokar.

Peki n'olacak bu ırmağın hali
Suçluları yok mu bu kokunun
Yoksa gidip
Suları pırıltılı
Bir başka ırmak mı bulmalı?

Siyaset yapma şimdi demiş yaşlısı
Senin işin üremek ve üretmek
Hem bilmez misin ki
Bize en yakın sular
Üç günlük uzaklıkta akar.

Bakmış görmüş ki bizim toy böcek
Irmak kendi ömründen uzun
Ne bir başka ırmak var gidilecek
Ne bir başka seçenek
Ayrılık zamanı da gelince
"Hadi eyvallah, demiş yaşlıya
O zaman yarın görüşek!"

Tepesi atmış
kudurmuş karttavuk
Bre melun demiş bre zındık
Hâlâ bana değil yarına inanıyorsun
Seni gidi pis dalkavuk
Bize yarın var mı ki!

Kamış Olmak

"Akşam, yine akşam, yine akşam
"Göllerde bu dem bir kamış olsam"

Biz bir demet kamış idik
Küçücek bir göl kıyısında
Güneş dağlara inince
Kızıla çalardı rengimiz.

Sazanlar çılgın sevişirdi aramızda
Kovalamaca oynarlardı şen şakrak
Bıldır bizim ikinci baharımız olacak-
tı ki karardı sular.

Sazanlar sevişmez oldu önce
Kuşlar ötüşmez oldu
Görmediler suyun rengini
Duymadılar imdadını gölün.

Çekip gitti turistler bir bir
Kapandı turistik otel
Manav iflas etti kasap iflas etti
Türkümüzü dinlemeye bile vakit bulamadılar:

"Biz bir demet kamış idik
"Çıplağı soymamış idik
"Niçin bize kıydınız
"Hayata doymamış idik".

Irmaklar Boyu

Yürümek isterim seninle ırmaklar boyu
Bulutların oylumunca konuşmak
Dalmak isterim sorunlara buzdağları gibi
Yunusların çevikliğiyle devingen
Soyu tükenen balinaların hüznüyle yüklü
Donanmak isterim balıkçıl kartalın pençesini
Amazonlarda piranhalarla kardeş
Kemirmek isterim sopalarını baltaların
Bütün motorlu bıçkılara lanetler yağdırıp
Büyük Sahra'ya çiy gibi düşmek isterim
Bir görsen
çöl örümcekleri nasıl kapıyor havadan nemi
Kovalarca su olasın gelir
Bir görsen iri gözlü kara çocukları
Ot olasın gelir karınlarında
Süt olasın gelir
memelerinde ineklerin...

Akdeniz Türküsü

Çayda eriyen şekerin tadı
Suya düşen kelebeğin acısı
Bir ikindi üzeri Antalya
Oy Akdeniz Akdeniz.

Şu bulutlar şu kayalar
Kimi tarih kimi otel yüklü
Sahile vuran beyaz dalga
Oy Akdeniz Akdeniz.

Çay getiren yağız oğlan
Havuzda yüzen üstsüzler
Duvardaki kertenkele
Oy Akdeniz Akdeniz.

Suya eğilen salkımsöğüt
Duvarda büyüyen çatlak
Ey dökülen kalın sıva
Oy Akdeniz Akdeniz.

Yaprakları tasalı ağaçlar
Karşıda kuruyan sazlık
Vur dalgayı doysun toklar
Oy Akdeniz Akdeniz.

Yârenlik

Defnenin dayılığından
İncirin teyzeliğine
Küçük dalgalarıyla ne mavidir o büyük ada!

Görmedim hiç ben Sicilya'yı ancak
İncirleri benim de yârim olur.

Deprem

"Antakya 109 kez sallandı." (Gazeteler)

Sallar çatıları direkleri
Devirir gönülleri yürekleri
Sokulunca bir anakara ötekine.

Her ülkede aynı dilde ağlar çocuklar
Aynı dilde korkar analar babalar
Mezartaşları hep aynı açıdan devrilir.

Küçük Asya bir büyük ülkedir
Sallanır durur tanımaz zaman
"Benim yüreğime hançer sokulur"
Gurbette sebebim depremdir aman.

Kıbrıs Masalı

Bir varmış
            iki de varmış üç de.
Turunçlar azalmadan önce
Çilingirler işsizmiş Kıbrıs'ta
Gardiyanlar tespih çeker
                        sinek avlarmış.

Gel zaman
            git zaman
Gün geçip dönünce devran
Köpürmüş Akdeniz
Dört iken üçelmiş yönleri
Çilingirler bayram etmiş
            Gam çekerken gardiyanlar
Azalmış turunçlar
            Çoğalırken arabalar.

Aslında uzarmış bu masal daha
Aslına asılmayınca kimse
Masalın aslı
Kimsenin işine gelmemiş
Anlatanı Akdeniz'den kalkmış
Kuzey Kutbuna yerleşmiş.

Dedik ya
Daha uzayacakken masal
İşte böylece bitirvermiş.

Kum Tanesi

Ben Mezopotamya'da bir kum tanesiyim
Kapkara yanıyor dört bir yanım
Sarı sıcak günlerim karanlığa dönüştü
Ölü gözleri gibi gökte yıldızlar
Kara altın karanlığa buladı her yanı!

Ben Mezopotamya'da bir kum tanesiyim
Ve benim gibi çöllercesi var
İyi değil idiyse de günlerimiz
Bu denli kötü de değildi.
Sarı saçlılar gelmeden önce.

Ben Mezopotamya'da bir kum tanesiyim
Beni gören de yok duyan da
Çekemem üzerimdeki yükü artık yeter
Şu ağlayan çocuklar
İsteseler dağları devirir gözleri
Gözyaşları üzerime boşanır füzelercesine.

Temmuza Kısır Gazel

Bu yıl beklediğimiz temmuz ayı geldi amma
Anılara dalamadık güneşi bol değildi

Bir yağmur bir dolu bir kasırga bir soğuk derken
Tak etti canımıza isteğimiz çöl değildi

Madem öyle bari İzlanda'ya gidelim dedik
Kalkmaya kalktık amma tuttuğumuz yol değildi.

Ödemiş İkindileri

Ödemiş'te ikindiler
Akşama ermeye çalışır
İncirlerin güneşe özlemi gibi
Ağustos güneşi yakmaz insanı
Susturur usulca.

Zeytin tanesi gibidir insanlar
Sabırlı ve yetingen
Cızgaların türküleriyle
Yolu yordamınca
Onlar da akşamlarına erer.

Açıklık Koyuluk

Şu ovamızın tütünü var pamuğu var
İlçemizde herkesin emmisi var dayısı var
Ak Menderes ak, sen akmana bak
Selam veririm anlamazlar dilimden
İnsanlar içinde açığı var koyusu var.

Sen Ovada

Sımsıcak bir gün atalardan kalma
Şehir mi yorgun akan sular mı bilinmez
Serin kuyular bir bir kururken
Pamuk kokusu yayılmıyor mu ortalığa
Biryerlerden duyuluyor gibi oluyor
Kankırmızısı salçaların kokusu da.
Hiç kimseler bilmiyor
Kesilen çınarlar kimlerden yadigâr
Ağaçlar yorgun insanlar yorgun
Kimse bilemez olmuş
Kaç türü vardır incirin
Sayıversinler sana arabanın iktisatlısını.

İncirler zeytinler cızgalarla bir eriyor hâlâ
Bu görüntü yanıltmasın seni
Birşeyler kopuyor senin de içinden sen istemesen de
İrili ufaklı tanımsızlıkları yaşarken her gün
Yayla Caddesini egzoza boğanlar
Dağlara kekiğe çıkıyor
Sen ovada
            insanlar içre
                        insanlarla bir
                                    tek başına.

Uzaklaşan

O ziyaretler
Gidip gelmeler
Merkezkaç gücü gibi büyümüş ilçem
İki adımlık dip komşular
Gitmiş evlerce öteye.

Bizim Sokak

Küçükken ne kadar da geniştin
Ben mi büyüdüm
Sen mi daraldın?

Bizim Ovanın Hali

Rüzgârın sesi karışıyor suyun sesine
Salkımsöğüt otları okşamaya çalışırken
İncirler güneş derdine düşmüş oluyor.

Küstah bir kene konuyor yağız atın yelesine
Yalınayak çocuklar yakarcalara alışırken
Çürüyen karpuzlara sinekler üşüşmüş oluyor.

Mestan abim yine börülce dolduruyor selesine
Koca İbram elâlemin işine karışırken
Mirasını kardaşları bölüşmüş oluyor.

Kısaca böyle işte ovamızın hali
On bir ay özlemini çekerim hani yani
Eyyambuhur sıcağı tak etti canıma
Bizim oğlan hadi kalk gidelim ga(y)ri.

Ovamızın Hep'leri

Ovamızın geceleri hep lacivert
            Ayları hep dolunaydır.
İnsanları biraz rahat biraz gevşek
            Aldatması azıcık kolaydır
                        gibi gelse de size
Aldanmayın onlar tümden kaçıktır
Domates biber biraz da zeytin
Herkesi doyurmuştur bu toprak
Gelene de gidene de kapı hep açıktır.

Bizim ovanın oğlanları hep karayağız
Kızları hep onyedibenlidir
Görmedim çirkinini hiç
            Kadınları iri memeli
İnsanları hep senlibenlidir.

Üç Eylül Parkında İkindi

Azalmış da olsa sayıları
Geçmiş günleri zikreder gibi
Dimdik ayakta
Şu parkın akasyaları.

Köşedeki kitap okutucu
"Amerikalı" namıyla maruf Sami Amca
Yıllar önce büfe olmuş
Kovboy kitabı okuyanlar
Çoktan çoluk çocuğa karışmış.

Renk Sinemasının renkleri ölgün
Gişesi dökük, gazozcu sesleri yok
Kurbanlık koyunlar gibi
Yıkılmayı beklemekte perdesi.

İyi ki geldim diyorum şu parka bugün
Az ötede oğlum kızım oynuyor kumlar içinde
Ben çocukluğuma yürüyorum ve
Seriyorum içimi kumlara oynasın bütün çocuklar
Hiçbiri kırmıyor hatrımı
Tepine tepine oynuyorlar
Benimse gözüm ağaçlarda
Aklım dallarına takılı geleceğe doğru eriyorum.

Çocuklara Dair

Çok şey öğreniyoruz onlardan:
Bütün anneler güzeldir.

Çocuklarıma Dair

Oğlum doğdu sevindim
Kızım doğdu sevindim
En mutlu babalardan
Ben oldum biri de.

Nedenine gelince
Oğlum bana
Kızım anasına
Benzedi de.

Çocuklar

Gözleri çiçekler içinde
Saçlarının her teli birer gülücük
Ne güzel oynuyor şu çocuklar
Sazanlar örneği kum havuzunda!

Kum havuzunda
            Geçim derdi yok
Kum havuzunda
            Yurt özlemi yok
Kum havuzunda
            Ayrılık yok, ölüm yok
Kum havuzunda
            Bütün çocuklar eşit.

Kum havuzunun kıyısında bir baba
Babanın kafasında
            derdin daniskası
Babanın kafasında
            özlemin okkalısı
Babanın yüreciği sıska mı sıska
            avuntusu çocuklar.

Babanın kafasında
            bütün çocuklar yaşıt...

Bir Öğle Üzeri Selçuk

Sen Jan'ın kalıntılarında leylekleri gördünüz mü?
Belki bir daha gelmeyecekler
Bu kaçıncı yaz onlar için
Kimse bilmez o taşlardan başka
Mermerin taşa dönüştüğü anlarda
Kimbilir kaç ustanın sızlamakta kemikleri.

Bir öğle üzeri Selçuk uykuya yatar
Yakar insanı güneş iliklerine kadar
Selçuk üzerinden Efes'e Ada'ya
Turist akar para akar
Bir öğle üzeri Sen Jan'ın dibinde
Kır başlı bir adam
Leyleklere bakar
Leyleklere bakar.

O Belde

Bir tek kitapçı yoktu o beldede
Tam yedi emlak bürosu saydım
Yüzyıllık zeytinliklerin içine etmişler
O berbat beton kutucukları
Balıkları yorgun dalgaları üzgün düşmüş
Disko gürültüsünden
Eksildikçe çamları Çamlı'nın
Güzelçamlı koymuşlar adını o çamsız beldenin.

Yol Üstü

Bir şehir uyanmadan daha
Sabahın kör vaktinde hani
Çayını çorbanı bile içmemişken doğru dürüst
Yola çıkmak zor mu zor.

Yoğunluğunu bırakmamışken dağa taşa
Cömert soluklar almadan
Şöyle yeğnelmeden daha
Yollara koyulmak zor mu zor.

İnmeden yorgunluğun zirvesinden
Merhaba diyemeden eksilen dostlara
İkindi çayları bile yudumlanmadan
Yollara düşmek zor mu zor.

Yabanıl arılar gibi köşe bucak
İşler varken daha yapılacak
Bitirememişlikler yaşayıp
Yolculuğa çıkmak zor mu zor.

Yitik

Terk edemem ben bu kenti
Yitirdiğim dizeler var
Sokaklarında.

Ortaköy İzlenimleri

Bir yürek atışından ötekisine
Değişen rengini dinle Boğaz'ın
Karşı yaka geldiğimiz
Beri yaka yaşadığımız yer.

Dinlenmek istercesine düşüyor ay sulara
Bu sular hiç durmamış eğlenmemiş
Teknelerin çıpaları yorgun bir tek
Bir de gemilerin bayrakları.

İbadet eder gibi öpüşüyor bir çift minarelere aldırmadan
Tasmalı bir kedi sürtünecek bacak arıyor
Kubbesi gürültüden yerleri kutulardan geçilmezken şu Ortaköy'ün
Kır saçlı bir âşık Istanbul'u öpmeye çalışıyor.

Yapılar ve Odalar

O denli iriydi ki yapıları
Viktor-Scheffel Caddesinin
Dehşet ve heybet kavramlarını ben
Orada tanıdım.
        Ben...Anadolu'nun
        Hanay bile görmemiş
        Küçümen çocuğu.

O denli sıcaktı ki odaları
Halk Yüksek Okulu'nun
Cehennem kavramını ben
Orada öğrendim.
        Ben... Anadolu'nun
        Karlı cennetlerini
        Terk eden çocuğu.

Coğrafya Üzerine

Ne zaman bir sevinç sarsa içimi
Aydınlatsa yüreğimi sudaki buz gibi
Coğrafyasız insanlar gelir aklıma
Güzel insanlar
Faydalı insanlar.

Ne zaman imbatlar kaplasa içimi
Pamuk kokusu, tütün kokusu, midye kokusu
okşasa gönlümü
Coğrafyalı insanlar gelir aklıma
Güzel insanlar
Faydalı insanlar.

Ne zaman bir öfke karartsa ortalığı
Kavursa yürekleri ateşte tuz gibi
Güzel insanlar gelsin aklınıza
Faydalı insanlar gelsin
Coğrafya ilmi o kadar önemli değildir hani.

Eksilti

Ovadaki çınarların seslentisi
Bir çağdan bir çağa uzanır
Uçar gider leylekler bulutların önü sıra
Gönüldür bu bir dağdan ötekine yaslanır.

Kırlangıçlar yuva yapmaz oldu bağ evine
Gökçekarga karatavuk duyulmuyor ötelerden
Görmeyen var, duymayan var, yaşamayan var
Birşeyler eksiliyor uzaklara yerine yenisi konmadan.

Renanya

Akşam çöküyor Renanya'nın üstüne
Ren nehri yorulmuş mu ne
          Yılların yükünü çekmekten
Usul usul akıyor gideceği yere.

Renanya geceleri Ren renginde mi olur ne
Bir kıpırtı sarar içimi
Kızılırmak gelir aklıma
          Menderes'le Gediz gelir
Artar akışı Koca Ren nehrinin.

Çözebilsem diyorum şu soruyu
          sorun mu ne
Ren'i sevsem de tanımam Renanya'yı
Tuna'ya varmak
Menderes'i görmek mi olur ne
Ne zaman Koca Ren'i görsem
Ege'yi özleyip Isar'a koşmak isterim.

Yorgun Çatı

Öğle üzeri yorgun çatı
Eğil eğil bir bak kimler geçiyor
Karşındaki ağacı gör
dallarına selam ver
Bacalara gülümse...

Aldırma sabahların delişmen
Yolların yorucu olduğuna
Yaşanacak akşamlar var daha
geceler var
Sökecek şafaklar bizi bekliyor.

Sana konan kuşların memleketini düşün
geldikleri yerleri
Üzerine düşen yağmur damlası
kimbilir hangi okyanuslardan geldi
Kiremitlerin hangi fırınlarda pişti
Hangi eller yerleştirdi onları sana.

İndirme kepenklerini öyle hüzün içinde
Bu ferah öğle vakti
Hadi deviniver biraz
Eğil eğil bak
kimler geçiyor.

Nağmeli Soru

Yine nağmeler dökülür mü o kentin üstüne
Kahveler yine aynı sevgiyle pişer mi
Cızgaların azgınlığı
Serçelerin gevşekliğinden midir?

Gönlümün böyle yanıklığı
Gurbetin uzanıklığından mıdır?

-III-
Hesap İşi

Hesap İşi

Şiir ne?
Hecenin hesabı
Fikir ne?
Tümcenin hesabı.

Gün ne?
Gecenin hesabı
Son ne?
Öncenin hesabı.

Dinlence

Bütün uyaklar dinlencede
dizeler tekliyor
Küresel sorunlar varken
zerrecikler bekliyor
Defalarca söylendi birçok şey lakin
Kerrecikler kerreleri ekliyor

İşte

İşte kâğıt
İşte kalem
Yaz ne yazacaksan.

İşte desti
İşte şarap
Süz ne süzeceksen.

İşte gönül
İşte bahçe
Gez ne gezeceksen.

İşte dost
İşte düşman
Boz ne bozacaksan.

Harf - Hece

Sözden heceye düştüm
Heceden harfe
Gördüm o yüzleri
Kendimden geçtim
Hecelendi harflerim sözcük sözcük.

Dinle dedi bir bilge
Dillerini o yüzlerin
Dinledim
Kendime geldim
Söze döndü harflerim kavram kavram.

İki - Üç

Sevdiğim sözcükler iki
Rüzgâr ve su.
Ya üçücünsü?
Üç var mı ki?

Sayfa - Yaprak

Kimi sahife okur
Kimi sayfa doldurur
Ben yaprak olmak isterim
Kitap ağacında.

Kimi dal keser ağaç keser
Kimi ağaç yakar tarla açar
Ben fidan olmak isterim
Kitap ormanında.

Sobabaşı Sorusu

"En güzel yaz şiiri
Kışın soba başında yazılır"
dermiş bir eleştirmen.
En güzel memleket şiiri
Gurbette mi yazılır?

Görecelikler

Küçük bir fil mi büyük
Büyük bir fare mi küçük?

Andromeda bize en yakın galaksi
İki milyoncuk ışık yılı uzaklıkta.

Ona en uzak en ters ve en aksi
Biri var üç kafa beş yürek yakınlıkta.

Üçlük

Bütün ırmakların düzlemi bir
Akacakları
Ya bir göl
Ya bir denizdir.

Bütün insanların gözlemi bir
Bakacakları
Ya bir ay
Ya bir yıldızdır.

Bütün züppelerin özlemi bir
Takacakları
Ya bir sim
Ya bir yaldızdır.

Eğer

Eğer
O kadar sıcaksa dağlar
Gel kaçalım bu şehirden.

Eğer
O kadar sığ ise hayat
Gel geçelim bu nehirden.

Eğer
O kadar tatlıysa sevda
Gel içelim bu zehirden.

Eğer
O kadarsa
Gel!

Düş Şiiri

Sabah vakti saat dokuz
Hafiften üzüntülü
İnce bir yağmur düşer kentin üstüne.

Bu yağmur anımsamaz üstelik
En son nerelere düştüğünü
Şimdi nerelerden geldiğini
          Düşer
                    ha
                      düşer.
O düşerken ben
Suya hasret düşenleri
Düşünürüm.

Su

Sular gibi aziz olasın
    dermiş atalarımız
Suyun azizliği
    Akışkanlığında
    Ve yüzde 75'inde bedenimizin.

Kasideler yazılırmış eskiden
        gazelller okunurmuş
        su üzerine
        bâde içilirken
Çarşamba'yı götüren
Karanfili bitiren
Hep o aziz sular.

Karanfilim susuzum
Kaç gündür uykusuzum.

Ağaçlar Ve Kuşlar

Nasıl da sarhoş olmuş ağaçlar
Yapraklarını dökmekte hepsi tutam tutam
Ben nasıl senin derdindeysem
Sen kokuyorsam buram buram
Bir bildikleri vardır elbet ağaçların da
Onların da bir dertleri düzenleri olacak elbet.

Nasıl da ötüyor şu anaç kuş daha ana olmadan
Öt kuşum öt diyorum kara kış kapıda
Yumurtanı yutmasın kara yılanlar
Düşmeyesin sakın hain tuzaklara
Öt özgür kuşum öt kışın ardında bahar var
Sendeki iyimserlikten bende de olmasın mı az miktar.

Ben senin derdindeyim, sen kokuyorum buram buram
Pisliğine de özlemine de doymadım daha dünyanın
Güzelliklerine haylice aç kaldımsa açgözlü olmadım hiç
Var git sen yargıla beni
Çünkü şu anda ben kuşlar gibi özgür
Ağaçlar gibi sarhoş olmak istiyorum.

Lanetleme

Ben ruha inanmam
Her ağacın bir ruhu vardır.

Ben Nuh'a inanmam
Her ağaç bir kurtarıcıdır.

Ben meluna inanmam
Lanet olsun ağaç kesen ellere.

Güz İzlenimleri 1

Her bir dalında tarihe tanıklık
Altından insanlar geçer fark etmeksizin,
fark edilmeksizin
Bilincindedir bakiye birkaç derviş ruhlu can
Temaşa ederler güzelliğini sessizce
Gönüller seyran içinde.

Taksit taksit kuruyor bir çınar
Belki de son kez uçuyor bir kınkanatlı böcek
Bilimce daha adı bile konulmadan
Zehir yutmuş arıbeyleri zar zar vızıldar
Acı bal kovan içinde.

Birer birer ayrılıyor efeler
Azalıyor Kuvayı Milliye
Aydın Dağları öksüz, Bozdağlar yetim
Çınlamıyor artık allöfler
Efeler kızan içinde.

Esme rüzgâr, yağma yağmur
Çekilmez artık dünya gamı
O güzelim balıklar artık nerde bulunur
Sahile doğru kişnedi yağız atlar
Deryalar umman içinde.

Genişleyedursun kosmos, çarpışsın gökadalar
Varsın karamaddeler sır kalsın
Hoşnut olsun denî dünya
Geldik gidiyoruz bir alçaklığa
Dünyalar mihman içinde.

Güz İzlenimleri 2

Kuru bir laf gibi geçmesin hayat
Güneş her gün doğudan doğar, yanıltmasın seni
Çok yönlü döner bu dünya
Zevk et çeşniyi
            Etrafına bak!

Kuyunun derinliğinde değil
İpin kısalığındadır fark
Farkı fark et!

Mekân Üzre

Hiç kimse paylaşmıyor şu anda
                                        içindeki coşkuyu acıyı
İnsanlar içre insanlarla bir
                    tek başınasın
An geliyor yalnız kalamıyorsun
An geliyor yalnızlıktan yakınıyorsun...

Son derece hoşnutsun ama şu anda şu ortamda
                                                  yakalamışsın zamanı
Ne rahatsız ediyor seni bir kimse
Ne rahatsız ediyorsun sen bir kimseyi
Koskoca bir meyhanenin
                                        bulmuşsun berceste mekânını...

Meyhane

Bütün güzellikler içilip yok edilirken
Kimi güzele
Kimi idrara devrilmede.

Bütün itikatler sağılıp bok edilirken
Kimi huzura
Kimi muzıra inkılap olmada.

Rakı Şiiri

Ben rakıyı hep güzel insanlarla içtim
Ağlamalarım gülmelerim güzeldir bu yüzden
En tatlı en acı dostlukları rakıyla tattım
Kavga etmedik hiç güzellikler yaşamaktan

Dostlarım oldu içince ağlayan
Dostlarım oldu içince mahzunlaşan
Dostlarım oldu türküler söyleyen şiirler okuyan
Ben rakıyı hep güzel insanlarla içtim.

Dostları özledim rakı geldi aklıma
Akdeniz'i özledim anason kokusunda yüzdüm
Anılara daldım buzun serinliği getirdi beni kendime
Ben rakıyı hep güzel insanlarla içtim.

Ben rakıyı babamla içtim dedelerle içtim
Rakıyı biz burnumuzla değil ağzımızla içtik ölçüyle
Ele dile bele egemen ayin yaparcasına edebince
Ben rakıyı hep güzel insanlarla içtim.

-IV-
Kavramlaşmalar

B Üzeri

O billur bardaklardan içtin de
Bozbulanık buzlar gibi
Bırakıp bizi eriyip gittin
Bademler çiçek açarken.

Boş ver bulandığın şu umutsuzluğa
Bir gün bir bebek daha doğar da
Del'eyler seni
Getirir beklentilerini.

Beklediğin dostlar
-Kalmışsa eğer-
Bil ki bir gün
            belirir kapında
Bildiklerinden haber getirir
Bayındır olur işte bıktığın bozgunluklar
Zaman
Bağbozumunda bile bulunsa.

D Üzeri

Derdi nedir diye
    danışmadık hiç
Dostu var mı diye
    dolaşmadık hiç
Dümdüz ovalarda
    kaldık mı yolsuz!

Delişmen kızgınlıklarında
    Doluşmadık odasına hiç
Düşman olur diye
    Dalaşmadık dostlarıyla hiç
Sağırlar arasında
    kaldık mı dilsiz!

Derdimizi dostumuzu dümdüz
Danışıp dolaşıp dilleyemedik
Dolubitim ağaçtık
    kaldık mı dalsız!

L Üzeri

Lambada titreyen alevle
Lalezarda titreşen laleler
Neylesinler
        Hemhâl olamazlar ki birbirleriyle
Aşamamış halini birileri
Diğerleri
        çıkarları gereği
Geriyle ilgili.

Leb demeden anlar leblebiyi
        eğilimi olan bilime.

Honolulu nire
Lüleburgaz nire!
Siz Lüneburg'u gezdiniz mi?

Ö Üzeri

Ödünç yaşamakları bitiremedik bir türlü
Özgürce yaşayıp
Ölümlere meydan okuyamadık
Hep
Öteki günlere sarktı
Özlemlerimiz tutkularımız.

Ödünç yaşamaklara son veremedik bir türlü
Özgürlük bir kavramdı bize
Okul kitaplarında okutulan
Öğretmenlerimizi sevip sayardık da
Ödümüz kopardı yine de
Niçin öyle diye sormaktan.

Ödünç yaşamakların kıramadık zincirlerini bir türlü
Öksüz çocuklar gibi kaldı hep bir yanımız
Önce susmayı öğrendik altındır diye
Sonra düşünmemeyi
Ödünler vere vere vardık
Ömrümüzde bu günlere.

S Üzeri

I

Salıntılar tuttu yine yüreğini
Acep o yâr seni andı m'ola
Sandallar sahilde salım salım salınırken
Sen bu kentte neyini yitirdin a garip
Sakır sakır titriyorsun hem
Sakıngan sakızağaçları gibidir oysa onlar bilirsin.

II

Savruk ve savurgan esiyor şu anda rüzgâr
Balıklar suda salım salım sallanıyor
Senin salkımış yüreğin
Salkım salkım düşüncelerle dolu
Sallasırt edip bütün yıldızları
Sanrılı insanlara dağıtmak istiyor.

U Üzeri

Uzun uzun oturup da
Uçuk uçuk umutlar
                                        uçurduyduk yarınlara
Ne çabuk unuttun
Uzanmaktı umudumuz
                                        yarınlara geleceğe
Elememiştik unumuzu çünkü
Asmamıştık eleğimizi daha duvara

Ulan biz sevmemiş miydik
Ulan bizim canımız yok muydu
Uçurumlara uçuruldu uçurtmalarımız!

Ü Üzeri

Üzüm üzüme baka baka kararır
Hüzne göre uzar üzüntüler
Üzüntülüyüm üç gündür
Üzümcü gelme üstüme üstüme.

Y Üzeri

Yalnızlık
Yalın olmak mıdır
Yanlış yaşamak mı yoksa
Yalanlar arasında?

Yağan yağmurlar gibi geçiyor yaşam
Yerler yağmura
Yağmurlar yere doymuyor
Yaşayan yaşadığıyla
Ölen öldüğüyle kalıyor.

Yalnızlık yazgı olabilir mi?
Yağan yağmuru dinle
Esen yeli duy yeter
Bulutta damla
Rüzgârda zerreyiz sadece
Yorulur mu rüzgâr
Yıpranır mı yağmur
Bizi taşımaktan?

Toprağa düşmeli insan
Ya da çarpmalı
Kanadına bir
Yeldeğirmeninin.

Z Üzeri

Sorsalar bana
Nedir ki o
özdeştir Z ile
Hiç düşünmez
Zeytin'dir derim
Yani gözleri güzellerin.

Sorsalar bana
Nedir ki o
yakışır Ege'ye
Gerneşerek
Zeybek'tir derim
Yani dizleri efelerin.

Deseler
Uyak almaya gider misin Bağdat'a
Tatlı dile güler yüze
Zırdelisi olurum o sözlerin.

-V-
Anlık Şiirler
Dörtlükler

Laf - Söz

Baharın zamanı geldi
Gelmez sanma güzün de
Öyle bir devri âlem ki bu
Lafın da gelir zamanı sözün de

Tuz - Biber

Kavun kokusu karpuz kokusu
Ne güzeldir bardaktaki buz kokusu
Dostun sunduğu zeytin ekmek
Ne güzeldir biberdeki tuz kokusu

Çiçekler

Geçmiş günleri düşünmek kadar
Gelecek günleri düşünmek de güzel
Lâle gül karanfil ve zambak kadar
Yârin zülfündeki çiçek de güzel

Bıldırcın

Şu ülkenin kadınları kızları
Bıldırcın gibidir gözleri
Hepsini de bir severim ancak
Şiirsizdir sözleri

Yürek Kırpıntısı

Düşüncelerin yoğun olduğu bir anda
Yüce dağ başında koca bir taş gibiyim
İçim o kadar dolu gönlüm o kadar boş ki
Bir yürek kırpıntısı anlamsız bir telaş gibiyim

Şair

Gerçeği dile getirmek midir işi
Su yüz derecede kaynar gibi
Allı turnam sülün gibi yoktur eşi
Hangi gün var ki akşamdan kaçar gibi

Ağaç

Ağaç dedin mi kökleri derinde olacak
Ağaç dedin mi tepesi evler üzerinde olacak
Yağmur yağacak rüzgâr esecek güneş kavuracak
Ağaç dedin mi meyvesi yerinde olacak

Yağmur 1-5

1.
Başladı hafif hafif ağır bir çisenti
Benim gönlümde sensin
Yağmur demek can demek
Yağ yağmur yağ ürünler şenlensin

2.
Şimdi başlayan çisenti
Yağmura dönüş deli gönlüm uslansın
İyi misin kötü müsün
İyiysen yağ ekincikler sevinsin

3.
Şu an çisentinin yağmura dönüştüğü andır
Şu an insanların evlere üşüştüğü andır
Kiminin villası var kiminin barınağı yok
Şu an insanların konuştuğu andır

4.
Yağmur var iyisi var
Yağmur var kötüsü var
Doğuda yağar ürün getirir
Batıda yağar irin getirir

5.
Saçakta bir kumru yavrularını düşünür
Sıcakta bir zengin yağacak karını düşünür
Uzakta bir harman esecek rüzgârını düşünür
Sokakta bir adam geçmiş baharını düşünür

Bulutlar

Bulut olmak gibi bulut gibi olmak da kötü
Şekilsiz duraksız dolup dolup boşalmak
Karaya yağıp ürüne dönüşmek iyi de
Bu işte denize düşmek de var

Liman

Gevşek ve geniş
Uzanmış önümde
Yatıyor liman
Bir papatya kadar masum
Bir gelincik kadar utangan.

Yalnızlık

Yerde sürünen bir yılan gibi
Sokuldu yanıma yalnızlık
Fotonları düşünerek
Şahin kesildi güvercin gönlüm.

Duvardaki İşleme

Sen kaç gecenin kör kandilinde işlendin bilemezsin
Seni işleyen eller kaç yaşındaydı haberin mi var
Seni kullanmaya kıyamadılar besbelli
Ama o geline kıydılar

Çerçeve

Enin ne boyun ne sana baktıkça ruhum daralır
Sen nice anlar gördünse biz nice anlar yaşadık
Senin dünyan 234 santimetre kare
Bizi ne dört çıta bağlar ne dört duvar

Doyum

Bir gün ben de doya doya
Sende yaşar gibi
Çiçeklerin en güzelinden
Seni seyredeceğim

Şehir Delisi

Bana deli diyorlar hâlime bakıp da
İşim vardı yitirdim aklım vardı kaçırdım
Bana deli desinler hâlime bakıp da
İşim vardı yitirdim aklım vardı kaçırdım

Şehir Bıkkını

Bir çınar olsa gölgesi serin
Serin gölgesinde uyusam derin derin
Bıktım artık bu şehrin asfaltından
betonundan
Bana ormana giden yolları gösterin

Mutluluk 1

"Mutluluk nedir? diye sormuşlar bir bilgeye
"Hoşnut musun?"
demiş
"Yaşadığın günden"...

Mutluluk 2

Yalan da olsa
Güzel şey be
Mutluluktan konuşmak
Mutsuz(luk)lar ortasında

Günler

Bir gün gelecek bir gün kalacak diyorsun
Damlaya damlaya göl olur haklısın ne desem yalan
O gün günler geçe geçe gelecek sen de biliyorsun
Günün geçmesi değil geçirilmesidir yarına kalan

Manileme

(Olaydım Yâr Olaydım)

Ben bir bülbül olaydım
Dallarına konaydım
O cehennem gözlere
Bakıp bakıp donaydım

Ben bir kartal olaydım
Dağlarına konaydım
Aramadan cenneti
Gözlerinde bulaydım

Ben bir fıçı olaydım
Mahzenlere konaydım
Yâr doldurup içtikçe
Özlemine kanaydım